Jacques Rouquet

Qui vous parle de religion?

Jacques Rouquet

Qui vous parle de religion?

Témoignages

Éditions Croix du Salut

Impressum / Mentions légales
Bibliografische Information der Deutschen Nationalbibliothek: Die Deutsche Nationalbibliothek verzeichnet diese Publikation in der Deutschen Nationalbibliografie; detaillierte bibliografische Daten sind im Internet über http://dnb.d-nb.de abrufbar.
Alle in diesem Buch genannten Marken und Produktnamen unterliegen warenzeichen-, marken- oder patentrechtlichem Schutz bzw. sind Warenzeichen oder eingetragene Warenzeichen der jeweiligen Inhaber. Die Wiedergabe von Marken, Produktnamen, Gebrauchsnamen, Handelsnamen, Warenbezeichnungen u.s.w. in diesem Werk berechtigt auch ohne besondere Kennzeichnung nicht zu der Annahme, dass solche Namen im Sinne der Warenzeichen- und Markenschutzgesetzgebung als frei zu betrachten wären und daher von jedermann benutzt werden dürften.

Information bibliographique publiée par la Deutsche Nationalbibliothek: La Deutsche Nationalbibliothek inscrit cette publication à la Deutsche Nationalbibliografie; des données bibliographiques détaillées sont disponibles sur internet à l'adresse http://dnb.d-nb.de.
Toutes marques et noms de produits mentionnés dans ce livre demeurent sous la protection des marques, des marques déposées et des brevets, et sont des marques ou des marques déposées de leurs détenteurs respectifs. L'utilisation des marques, noms de produits, noms communs, noms commerciaux, descriptions de produits, etc, même sans qu'ils soient mentionnés de façon particulière dans ce livre ne signifie en aucune façon que ces noms peuvent être utilisés sans restriction à l'égard de la législation pour la protection des marques et des marques déposées et pourraient donc être utilisés par quiconque.

Coverbild / Photo de couverture: www.ingimage.com

Verlag / Editeur:
Éditions Croix du Salut
ist ein Imprint der / est une marque déposée de
OmniScriptum GmbH & Co. KG
Bahnhofstraße 28, 66111 Saarbrücken, Deutschland / Allemagne
Email: info@omniscriptum.com

Herstellung: siehe letzte Seite /
Impression: voir la dernière page
ISBN: 978-3-8416-9819-3

Copyright / Droit d'auteur © Jacques Rouquet
Copyright / Droit d'auteur © 2012 OmniScriptum GmbH & Co. KG
Alle Rechte vorbehalten. / Tous droits réservés. Saarbrücken 2012

Qui vous parle de religion?

Témoignages

Jacques Rouquet

Table des Matières

Je vous ai écrit cette lettre…. pour vous bénir………………………………………5
   Quelle est votre religion?………………………………………………………5
   Mais qui vous parle de Religion………………………………………………8
Souviens-toi du chemin parcouru………………………………………………13
Guérison divine des blessures……………………………………………………25

Je vous ai écrit cette lettre…. pour vous bénir…

Quelle est votre religion?

J'entends souvent ce genre de réflexion lorsque je rends témoignage de ma rencontre avec Jésus-Christ:
"Ah non, alors, vous ne me ferez pas changer de religion!"

Parce que moi, je suis ceci ou cela, on m'a enseigné comme ça et il n'est donc pas question que je modifie la tradition, que je change quoi que ce soit à ces croyances, communiquées de génération en génération!

Par respect sur ce que les hommes nous ont transmis, on s'en tient à ce qui nous a été enseigné, on ne reviendra pas la dessus!

Mais serait-il interdit de réfléchir, de se poser la question de savoir si notre religion, notre tradition ne nous conduit pas dans le mauvais chemin, au mauvais endroit.

A moi aussi, on m'a enseigné bien des choses issues de la tradition des hommes, mais je bénis le Seigneur de ce qu'il m'a montré clairement, que ce n'étaient pas ces traditions qui me sauveraient. Ce ne sont pas ces coutumes, ces "us", transmis de génération en génération, qui m'ont apporté l'assurance d'être sauvé pour la vie éternelle, ni la paix dont j'avais tant besoin! Je bénis le Seigneur de ce que ma réflexion, la prise de conscience de mon péché et le miroir de la parole de Dieu, m'ont amené à rencontrer Jésus-Christ.

J'ai fait comme le Geôlier qui gardait Paul et Silas en prison:
"Seigneur, que faut-il que je fasse pour être sauvé?"
(Actes 16/30)
La réponse du Seigneur Jésus fut simple:
" *Crois au Seigneur Jésus, et tu seras sauvé, toi et ta famille"*.

J'ai rencontré des gens formidables dans ma jeunesse, des gens religieux, attachés aux rites, aux traditions, que le Seigneur a mis sûrement sur ma route et qui m'ont béni, mais ce qui m'a interpellé et qui a changé, bouleversé ma vie, c'est cette rencontre avec Jésus-Christ...

La merveilleuse parole de Dieu a agi dans mon cœur:
"Je suis le chemin, la vérité la vie, nul ne vient au père que par moi" (Jean 14/6)

Oui, bien sur, on peut discuter philosophiquement et dire que bien des poteaux indicateurs peuvent conduire à Jésus!

Pour être réconciliés et rétablir une nouvelle relation avec le père, ne cherchons pas ailleurs, c'est Christ qui est le passage obligatoire, si vous n'êtes pas encore passés par ce chemin et que vous pensiez malgré tout que votre situation est bonne, il vous manque quelque chose...

Posons nous la question de savoir si les interférences de la vie de tous les jours, si notre maison, notre voiture, notre confort, nos biens, et de nombreuses autres choses

ne sont pas devenues "d'autres Dieux', comme il est dit au premier commandement:
Exode 20/3, (lire de 1 à 17) :
" 3 Tu n'auras pas <u>d'autres dieux</u> devant ma face."

Vous aurez remarqué que cela est au pluriel, et dans ce siècle les propositions de nous tourner vers d'autres Dieux sont courantes et facilement accessibles.
En même temps, comment au regard de ce que notre Seigneur exige, pourrions-nous penser que la vénération d'autres symboles serait anodine?

Bien sur, on ne va pas ici chercher à polémiquer, mais pourquoi ne pas se poser les vraies questions, réviser l'extrait de naissance des principaux dogmes et traditions, réfléchir, et s'apercevoir ainsi que la plupart sont des institutions humaines et non scripturaires?

Voulons-nous établir notre foi sur le véritable fondement?

I Corinthiens 3/11:
11 ¶ Car personne ne peut poser un autre fondement que celui qui a été posé, savoir Jésus-Christ.

Bien chers, que rien ne puisse venir nous couper de cette relation merveilleuse avec celui qui étant "le chemin, la vérité et la vie", nous guide jour après jour.

Apres réflexion, m'étant examiné moi-même, sous l'éclairage de la parole de Dieu, j'ai compris que la bible était le manuel de Dieu, et que ce n'était pas la tradition qui devait m'influencer.

Mathieu 15/6 :
" (15-6) Vous annulez ainsi la parole de Dieu au profit de votre tradition.

Mais qui vous parle de Religion

Lorsque l'on parle de la bible, de la parole de Dieu, de Jésus Christ, aussitôt, les gens nous posent cette question connaissant déjà à l'avance, en fonction de notre réponse, s'ils vont devoir pratiquer la résistance, l'agressivité ou refuser toute discussion qui pourrait pourtant nous enrichir, les uns et les autres! Alors, aujourd'hui, le sujet, c'est :

"Mais qui vous parle de religion",

"Quelle doctrine?"

"En qui et en quoi croyons-nous?",

"Sur quel fondement est établie notre foi?"

Ne croyez vous pas que ce sont là les questions essentielles?

Les Saintes écritures nous entraînent à fonder notre foi non sur la parole des hommes mais sur la parole de Dieu

"Car personne ne peut poser un autre fondement que celui qui a été posé, savoir Jésus-Christ.(I Cor 3/11)

Nous devrions tenir compte que ce sont des déclarations de Jésus-Christ, au sujet de la religion, nous précisant ainsi que la parole de Dieu n'a rien à voir avec

l'observance de la tradition :

Evangile de Marc, chapitre 7, versets 7, 8, 9, et 13 :
"7 C'est en vain qu'ils m'honorent, En donnant des préceptes qui sont des commandements d'hommes.
"8 Vous abandonnez le commandement de Dieu, et vous observez la tradition des hommes.
9 Il leur dit encore: Vous anéantissez fort bien le commandement de Dieu, pour garder votre tradition.
13 annulant ainsi la parole de Dieu par votre tradition, que vous avez établie. Et vous faites beaucoup d'autres choses semblables.

Il s'agit de se laisser interpeller par les paroles de Jésus, de les laisser pénétrer nos cœurs, de laisser ses paroles devenir efficaces dans nos vies.

Lors d'une pastorale, il y a quelques années, un excellent prédicateur étranger posa cette question à l'assistance:
"Et maintenant, en quoi croirez vous le plus? En la parole des hommes ou en la parole de Dieu?"

J'avoue que cette interpellation m'aide encore aujourd'hui, lorsque je me trouve dans des phases "descendantes", des moments de doutes, d'incrédulité.

Alors, cette question me vient à nouveau à l'esprit:
"En quoi vas-tu croire le plus aujourd'hui?"

Je me replonge aussitôt dans les saintes écritures, et je trouve toujours les encouragements nécessaires.

Dans le fond, comme pour Pierre marchant sur les eaux, nous perdons pied lorsque nous ne regardons plus à Jésus, lorsque nous fixons nos regards sur d'autres idoles, lorsque nous perdons de vue les déclarations de Jésus et que nous ne voulons pas tenir compte des Saintes écritures!

L'expérience nous a appris depuis des siècles, que nous ne pouvions pas établir notre foi sur l'être humain, trop changeant, trop sujet à fluctuation! Pourtant, il y a encore des gens qui s'accrochent à la tradition des hommes, qui savent bien que tout n'est pas "parole d'Evangile", que tout n'est pas clair, que les Evangiles sont transformés, altérés, déformés, mais néanmoins, ils restent dans la tradition…

Voyez vous, chers amis, Dieu ne veut pas que nous soyons dans la confusion, il a voulu que sa parole soit simple, compréhensible, à la portée de tout un chacun :
" Toutefois, de même que le serpent séduisit Eve par sa ruse, je crains que vos pensées ne se corrompent et ne se détournent de la simplicité à l'égard de Christ. (2 Cor 11/3)

Les Saintes écritures nous disent qu'un fondement a été posé, savoir Jésus-Christ, je n'ai rien contre la tradition qui est la transmission de faits historiques, mais concernant mon avenir éternel, si ces faits ont été établis, fondés par les hommes, je préfère m'adresser directement à Dieu.

Il nous dit que cela est possible, encore une déclaration de Jésus dans Mathieu 11/28:
" Venez à moi, vous tous qui êtes fatigués et chargés, et je vous donnerai du repos."

Une fois encore, la question est de savoir ce que nous allons croire:
Les Saintes écritures, ou la religion, ou la tradition ?

Pour que nous soyons bénis ensemble, recherchons une relation avec notre Seigneur, refusons toute polémique au sujet de ce qui nous est transmis par l'être humain faillible et retournons à la base, la bible, Dieu va nous interpeller.
"Mais qui vous parle de religion?"

Je vous propose la parole de Dieu qui m'a fait changer de comportement, qui nous invite à nous pardonner réciproquement, à me réconcilier avec vous, à vous aimer, à exercer de la compassion si vous êtes en souci, à pleurer avec vous dans la prière si vous traversez une épreuve, et à me réjouir avec vous, si vous êtes dans la joie !

Souviens-toi du chemin parcouru

C'est en revenant sur les lieux de mon enfance et adolescence que me vint l'idée de raconter, dans ce chemin parcouru, ce que furent les trois étapes principales de ma vie : Jeunesse, affaires, conversion, chacune d'elles marquée par des temps très forts!

J'ai voulu, dans ce livre vous dire que ce n'est pas la religion, ou le fait d'être religieux qui vous comblera!

Mes parents étaient pauvres, nous étions quatre enfants, un frère et deux sœurs, nous n'avions pas d'eau courante, pas de commodités, et le "confort général" était inexistant.

J'ai été enseigné dans la religion, catéchisme, enfant de chœur, messe, enfin, tout ce qui habitue un enfant à participer aux offices. Pourtant, autant que je me souvienne, cela ne m'a pas empêché de dévier, de ne pas tenir compte de toutes ces recommandations.

Je n'ai pas pu résister aux premiers assauts de l'adolescence, et dés l'âge de 17 ans, il ne me restait plus que quelques souvenirs de la pratique religieuse et de l'instruction civique et morale découlant de la religion!

Dieu, le péché, l'église,… tout cela ne m'intéressait plus, à moi la vie, pas celle que l'on m'avait définie, mais la mienne!

Après mon mariage et mon service militaire, mon but, ma recherche principale furent de réussir dans les affaires ; cet objectif était une motivation suffisante pour mettre de côté toute tentative de sensiblerie, religieuse ou autre.

Je veux signaler ici que l'on peut accuser Dieu de nous laisser tomber, mais, je l'ai dit par ailleurs, je sais qu'il ne m'avait pas oublié, que son regard bienveillant restait posé sur moi.

Je peux le dire maintenant, c'est moi qui volontairement ne voulais plus entendre parler de lui.

Il nous laisse libre et, pour ma part, je l'avais rangé dans le placard. D'autant que, recherchant ce qui aurait pu m'aider dans cette marche ambitieuse, je démarrai dans le commercial. Ce n'est pas là une voie qui nous rapproche des choses spirituelles.

Un métier où le sentiment, toute sensiblerie, sont exclus, sous peine de sanction dans la non concrétisation d'affaires, ce qui entraîne bien vite un échec.

Toutefois, la pratique du porte à porte durant cette période m'apprit beaucoup.

Ce contact journalier avec des gens tellement différents, de culture et de profession tellement éloignées les unes des autres, vous forme un homme en peu de temps, pourvu qu'il puisse tenir le coup pendant cette formation

Plus tard dans le commerce, sans foi ni loi pour réussir, j'ai rejeté tout précepte philosophique, toute éthique morale. Ayant "élargi" l'ensemble de ces cloisons pour ne pas être repris par ma propre conscience, je voyais bien que cette façon de vivre

était hasardeuse et scabreuse!

Franchement, aujourd'hui, je me demande comment j'avais pu autant dériver, dévier de cette voie spirituelle dont tout être a besoin.

Dieu ne dit-il pas qu'il a mis dans le cœur de l'homme la pensée de l'éternité ?

Certains détails, ici mentionnés, ne sont pas écrits pour romancer quoi que ce soit. J'ai simplement voulu que la réalité transparaisse pour rendre gloire à Dieu, sachant d'où il nous avait sortis, avec un profond désir que toute notre reconnaissance lui soit attribuée !

Il est important de dire ce que furent ces diverses étapes de ma vie. Avant de pouvoir partager cette intervention miraculeuse de Dieu qui la bouleversa, la changea au point que les choses anciennes devinrent vraiment des choses passées. Effectivement toutes choses devinrent nouvelles par la grâce de Dieu.

Dans ce parcours d'une enfance marquée par la pauvreté, je ne puis dire que j'en ai véritablement souffert. Mais elle a dû laisser des traces, des séquelles enfouies, cachées. Après une adolescence que je qualifie de normale, je rappelle que la religion y avait pris une part non négligeable.

Dans ce parcours, je n'avais plus de panneaux indicateurs parce que de toutes manières, je n'en souhaitais pas, je ne voulais pas les voir.

On ne peut pas nier que la religion apporte des interrogations utiles, des remises en question sur l'existence. Elle permet un examen de soi-même, ce qui peut être vital si on en comprend le sens.

Lors de la vente d'un pas de porte faisant partie de notre commerce, nous avons rencontré, pour la première fois, des chrétiens évangéliques.

Ils voulaient faire une Eglise à cet emplacement!

Quel choc!

Nos discussions en vinrent à parler de tout ce qui entourait la religion, en particulier le faste, le déploiement de signes extérieurs, quels qu'ils soient, me gênait.

Je ne reconnaissais pas en cela la simplicité de ce Jésus dont j'avais entendu parler dans ma jeunesse.

Je pris donc note de cette simplicité cérémonielle, sans pour cela adhérer à leur pratique.

Cette visite et ces premières discussions déclenchèrent chez nous une nouvelle prise de conscience. Cette première rencontre nous donna, à mon épouse et moi-même, de nous resituer dans le contexte chrétien.

En tous cas, pour ma part, cet événement m'avait mis en contact avec des gens pratiquant ce que je considérais non pas comme une religion, mais une vie chrétienne faite d'exemples et de témoignages. Cela m'interpellait suffisamment pour que je comprenne rapidement que ma façon de vivre actuelle allait être remise en cause.

Et c'était bien là tout le problème car je n'avais pas un véritable désir de changer de vie.

Je recherchais déjà les arguments pour refuser, ignorer ce que dit la bible, réfuter les déclarations de Jésus, pourtant, je savais aussi que personne ne pouvait empêcher Dieu d'accomplir ce qu'il a dit:
"Que sert-il à un homme de gagner le monde, s'il perd son âme?" (Marc 8/36)

J'étais accroché aux plaisirs que procure la superficialité, enivré par ce monde chatoyant de l'apparence. Je savais cependant où était la vérité parce que « quelque chose ou quelqu'un m'avait indiqué la bonne direction».

Je devais décider moi-même de repousser cette proposition de renouer avec mon passé d'enfance, de ne pas m'accrocher à nouveau à cet appel pressant à revenir vers Dieu pour y trouver mon compte spirituel !

Les saintes écritures nous précisent que nous avons tous péché et qu'ainsi, nous sommes privés de la gloire de Dieu, j'avais tellement de choses à dissimuler!

Si on peut passer à coté des lois humaines, on ne peut se soustraire à la loi divine qui condamne tout mal, ni à la justice de Dieu qui est absolument Sainte, ni à l'œil de Dieu qui lit au plus profond des cœurs: (Mathieu 10/26)

"Car rien n'est caché qui ne doive être découvert"

Je fus interpellé par la visite de celui qui est devenu mon père spirituel, et qui me parla de l'histoire de Hérode et Jean Baptiste, histoire que l'on peut trouver dans la Bible en lisant les Evangiles.

Il nous est dit qu'Hérode le tétrarque avait fait arrêter Jean le Baptiste, l'avait lié et mis en prison, à cause d'Hérodias, femme de Philippe son frère, parce que Jean lui disait :

"Il ne t'est pas permis de l'avoir pour femme".

Il voulait le faire mourir mais il craignait la foule, parce qu'elle regardait Jean comme un prophète. Je vous invite à lire la suite de l'histoire pour y voir comment un homme qui aimait un ami, qui sympathisait avec lui, fut amené, à cause d'une promesse non réfléchie, à faire décapiter cet homme !

Cette histoire, dont le pasteur me fit en partie le récit était comme un avertissement pour moi.

En effet, en conclusion, c'était pour me dire de faire attention de ne pas aller trop loin dans le péché. En réalité le message était qu'il pouvait exister un point de non retour pour celui qui va trop loin.

Je ne connaissais pratiquement rien de la Bible, même si comme je l'ai raconté au sujet de ma jeunesse, j'avais côtoyé bon nombre de religieux. Nombre de mes contacts parlaient de cette Bible, mais personne ne m'avait informé qu'elle était la Parole de Dieu, et que celui-ci s'adressait à l'humanité par les saintes Ecritures.

Par contre, c'était sûrement conduit à la manière divine, car je ne doutais pas un instant que cet homme était venu me parler pour mon bien, de la part de Dieu.

Ce qui est surprenant, c'est que, ne connaissant pas les Ecritures saintes, je fus intrigué au point d'aller moi-même chercher ce passage, et de le trouver en ayant vraiment fait des efforts, à tâtons dirai-je.

Je le lus plusieurs fois et, effectivement ce fut comme des paroles vivantes de Dieu qui m'étaient adressées.

Ces passages me parlaient, à moi, et je trouvai dans ces exemples quelque chose de vivant, assurément, c'étaient des paroles de Dieu pour moi, pour ma situation.

A partir de ce moment-là, je savais que ma vie ne serait plus jamais la même. Je demandai à celui qui m'avait parlé, Dieu, de bien vouloir me conduire.

Je savais que ce ne serait pas facile de marcher dorénavant avec cette nouvelle optique, cette nouvelle vision, mais aussi cette nouvelle espérance. Il me faudrait, désormais, rechercher la voie de Celui qui avait commencé à me conduire, à me parler !

Vous pouvez imaginer quel choc ce fut pour moi ; toutes mes prévisions, mes ambitions, mes relations mondaines allaient en être bouleversées.

Je ne me sentais pas le courage d'affronter cette nouvelle carrière qui n'était pas encore ouverte, mais que je pressentais comme se présentant à moi. D'autant que les choses auxquelles j'étais attaché, du fait de cette présence, insoupçonnable mais bien réelle, étaient devenues inconfortables!

L'examen de ma situation me fit vraiment réfléchir. D'abord bien entendu, ne nous voilons pas la face et appelons les choses par leur nom: d'abord, j'étais un pécheur, et ce sentiment de culpabilité, vis-à-vis de Dieu, était salutaire ; je l'ai expérimenté par la suite car il conduit à une véritable repentance qui ouvre les écluses des cieux.

Ensuite, je peux dire avoir fait une véritable rencontre personnelle par les Saintes écritures, avec ce Dieu vivant par Jésus-Christ:
Pardon des péchés, guérison intérieure, foyer renouvelé, vie nouvelle en Jésus-Christ!

Je vous invite à faire comme moi:

Acceptez Jésus-Christ comme votre sauveur personnel, laissez le transformer votre vie pour la rendre plus belle, accueillez le pour qu'il devienne votre conseiller, votre guide, et il vous permettra de faire de merveilleuses expériences dans votre travail, votre foyer, votre entourage!

Acceptez le maintenant dans votre vie de tous les jours et vous deviendrez alors ce que Dieu promet que vous pouvez devenir!

"Si quelqu'un est en Christ, il est une nouvelle créature, les choses anciennes sont passées, voici, toutes choses sont devenues nouvelles" (II Corinthiens 5/17)

Témoignage

Bien des années ont passé et pourtant je me trouve toujours surpris par cette pensée que je ne me suis aperçu de rien! Nous n'avions rien, mais je n'ai jamais manqué de rien! J'ai beau chercher dans mes souvenirs, les moments pénibles dus à cet inconfort, je n'en trouve pas qui m'aient traumatisé.

Si le couple ne se dissocie pas, la fratrie ensemble, se nourrit de cette unité, affection. C'est ainsi que j'ai pu constater dans mes entretiens pastoraux, que si on est aimé, si l'on se sait aimé, si l'on se sent aimé, bien des obstacles seront passés.

Et le plus grand amour nous est manifesté par Dieu:
Evangile de Jean chapitre 3 verset 16:
" Car Dieu a tant aimé le monde qu'il a donné son Fils unique, afin que quiconque croit en lui ne périsse point, mais qu'il ait la vie éternelle."

Ce n'est pas la religion qui m'a retenu ni empêché de faire des expériences malheureuses. Comme pour beaucoup, cela peut devenir une fronderie que de braver les interdits religieux.

Je me suis laissé entrainer dans la folie des expériences de l'adolescence qui peuvent parfois, laisser des traces indélébiles.

Franchement, aujourd'hui, je me demande comment j'avais pu autant dériver, dévier de cette voie spirituelle dont tout être a besoin.

Dieu ne dit-il pas qu'il a mis dans le cœur de l'homme la pensée de l'éternité ?

Que peut-on dire sur cette vie du monde qui vous occupe, vous prend tout votre temps, vous absorbe au point de vous faire oublier l'essentiel ? Comme si nous étions immortels ! Qui sommes-nous pour croire que l'avenir est entre nos mains ?

C'est ce que Dieu nous rappelle lorsqu'il dit qu'il a convaincu de folie la sagesse des hommes, et que le monde, avec sa sagesse, n'a pas connu Dieu !
J'ai par ailleurs écrit que les gens critiquent Dieu parce qu'il ne parle pas. Mais en réalité, ce qu'il dit n'est pas souvent écouté puisqu'il parle à l'humanité au travers de la Bible qui se révèle être la Parole de Dieu.

Si nous voulons connaître ce qu'il dit, ce qu'il nous dit, il faut lire la Bible et là, nous découvrirons alors ce qui nous est adressé.

Pour ce qui me concerne, dans ce chemin du péché, "l'activisme" permettait de remettre à plus tard les interpellations de Dieu:
"Il n'y a pas plus sourd que celui qui ne veut pas entendre"!

Il est si difficile de croire qu'un livre, la bible, puisse parler comme détenant la vérité, lorsque tant de personnes, la majorité, suit un autre chemin, loin de Dieu, souvent sans foi ni loi!

Cependant, les Saintes écritures nous disent:
" Entrez par la porte étroite. Car large est la porte, spacieux est le chemin qui mènent à la perdition, et il y en a beaucoup qui entrent par là" Mathieu 7/13.
Êtes-vous prêts à abandonner toute résistance orgueilleuse pour vous placer dans une humilité qui est la solution à votre conflit, à votre problème?
Je vous bénis dans le nom puissant de Jésus-Christ et je vous invite à prier avec moi:

PRIERE:

- Seigneur, Dieu tout puissant, merci de prendre en compte ma situation, j'ai péché contre toi et je te demande pardon, je crois en ta parole et je crois que tu peux transformer ma vie et la rendre plus belle, je m'attends à trouver en toi, Jésus-Christ, force et soutien pour cette nouvelle vie, je remets maintenant ma vie entre tes mains. Amen !

TEMOIGNAGE DE JACQUELINE ROUQUET
Écrit par son époux Jacques

Guérison divine des blessures

Dans "Souviens-toi du chemin parcouru", je raconte quelques étapes de ma vie avec comme conclusion, la bénédiction que Dieu m'a accordée en me permettant cette rencontre exceptionnelle avec son fils Jésus-Christ.

Avec ce nouveau texte, je veux essayer d'apporter le témoignage de mon épouse, qui fut le "déclencheur" du changement, bouleversement de nos vies.

Mon épouse raconte:

En écrivant ces lignes, je me rends compte combien ces souvenirs douloureux que je vais relater ici auraient pu détruire ma vie si le grand Dieu de la bible n'était pas intervenu.

J'ai pu, au cours de ma vie chrétienne, rendre témoignage de ma souffrance étant enfant.

Plusieurs fois, j'ai été interviewée, pour des émissions de télévision chrétiennes et je remercie notre Dieu tout puissant, d'avoir béni ces moments.

Beaucoup étant passés par ce genre d'épreuve, ont ainsi pu trouver une solution en celui qui a tout pouvoir pour nous guérir de nos blessures intérieures, et d'apporter la guérison dans ces domaines.

Celui qui a connu une enfance sans problèmes, avec l'affection des siens, ne peut imaginer la souffrance lorsque dans notre jeune âge, on est blessé, meurtri, humilié.
De nombreuses maladies physiques sont provoquées par des problèmes psychiques, et très souvent, ce sont des traumatismes de l'enfance qui en sont la cause.

Notre société fait des efforts pour affronter ces conflits psycho émotionnels, mais je ne crois pas que sa thérapie soit capable de guérir les blessures profondes, les meurtrissures impossibles à panser par l'être humain.

Notre créateur est venu dans son amour apporter sa guérison, ses soins dans mon âme blessée….. Personne d'autre que lui n'a pu extirper ses douleurs internes !

Ainsi, je prie qu'il en soit de même pour vous, que vous soyez au bénéfice d'une véritable opération chirurgicale du Saint-Esprit.

Lorsque je repense à cet événement, je peux dire avec certitude qu'il fut pour moi si violent, qu'il aurait pu me détruire si quelqu'un ou quelque chose ne veillait sur moi.

C'est ainsi que je m'exprime maintenant, sachant que ce n'est pas « quelqu'un ou quelque chose », mais bien celui qui ne sommeille ni ne dort, c'est à dire Dieu, qui a sûrement veillé sur moi.

C'est courageux, de bien vouloir regarder à notre passé avec lucidité, se rappelant qu'à certains moments de notre vie, nous avons malgré tout été gardés, protégés !

Je connais le pouvoir destructeur de la peine que l'on garde pour soi, parce que impossible à partager, et cela devient insupportable, invivable.

Je peux relater avec certitude, que tout en voulant éviter la confrontation de mes souvenirs, ceux-ci me revenaient en pleine figure comme un boomerang.

Chaque fois qu'un événement, une circonstance me ramenaient à ces rendez-vous de la souffrance intérieure, je devais faire de sérieux efforts pour éviter le pire.

Mon époux aime à rappeler qu'il y a toujours dans les afflictions, celles dont nous sommes responsables, celles que les autres nous ont infligés, et aussi celles que nous ressentons, sans que nous puissions déterminer avec précision, d'où elles viennent, comme enfouies en nous.

Ces chagrins permanents, peuvent devenir des tourments s'il n'y a pas compréhension, intervention et guérison

Je ne puis apporter d'explications à cette tragédie qui nous heurta de plein fouet comme cela est le cas pour certains, et non pour d'autres.

Pourquoi notre famille subit-elle un tel désastre ?

Pourquoi ma maman fut-elle brulée vive lors d'un accident de camion, et mon papa grièvement brulé, alors que je n'avais que dix ans?

Il faut dire que lorsque l'on m'apprit le décès de maman il me fut impossible d'y croire :
Je refusais systématiquement que cela fût arrivé !

Je pensais qu'ils me mentaient tous, que cela n'était pas possible, non, ma maman ne pouvait pas m'avoir abandonnée !

Je ne le savais pas encore, mais j'appris par la suite que mes parents avaient eu un accident avec le camion que mon papa conduisait. A l'époque, nombre de ces véhicules étaient équipés avec des bouteilles de gaz, et les sécurités n'étaient pas des plus rassurantes.

Ainsi, en traversant un pont, dans la ville où ils devaient charger des marchandises, en croisant un autre véhicule circulant en sens inverse, celui-ci accrocha les bouteilles de gaz qui prirent feu.

Le camion dans lequel se trouvait ma maman prit feu, et elle fut brûlée vive. Notre papa, grièvement brûlé, sauta dans la rivière, se sauva mais fut très sérieusement atteint. IL eut de nombreuses séquelles durant toute sa vie.

Donc, à la suite de cette terrible catastrophe, nous nous retrouvâmes, mon jeune frère et moi, sous la tutelle du frère de maman. Quant à notre frère aîné, je ne sais trop ce qu'il fit pendant cette période, avant le retour de papa après accident.

Pourquoi Dieu permettrait-il une telle souffrance ?

Personnellement, j'aurai de grandes difficultés à répondre à ces questions d'une manière objective et honnête.

Pourtant, j'ai pu par la suite expérimenter l'amour extraordinaire de Dieu, conformément à ce qui est dit dans l'évangile de Jean :
« Dieu a tant aimé le monde qu'il a donné son fils unique afin que quiconque croit en lui ne périsse point mais qu'il ait la vie éternelle »[1]

Il n'est donc plus question pour moi de remettre en cause l'immense amour de Dieu manifesté à la croix du calvaire par le don de son fils Jésus-Christ.
J'ai expérimenté moi-même qu'en croyant a ce sacrifice, en acceptant qu'il était mort pour moi, pour le pardon de mes péchés, je recevais la vie éternelle.

Quelle assurance me direz-vous ?

Et bien oui, cette profonde conviction d'être pardonnée, sauvée, personne ne peut vous l'apporter, ou vous en persuader ! Cela vient de cette relation, recherchée et trouvée auprès de Dieu.

Quand je parle de tragédie qui vint tout détruire, c'est la bonne expression.

Je mis longtemps pour me rendre à l'évidence : Il fallut que je vois le cercueil, le jour des obsèques, pour admettre cette réalité :
Ma maman était bien dans ce coffre en bois, c'était maintenant une certitude.

Je ne peux encore aujourd'hui définir avec exactitude le traumatisme que cela causa dans ma vie mais ce fut terriblement handicapant pour moi et pour ceux qui m'entouraient.

La colère, la haine remplirent tout mon être.

Bien entendu, j'en voulais au monde entier de m'avoir pris ma maman.

Nous n'avions pas été éduqués dans la religion, je ne trouvais donc aucun secours en quoi que ce soit, personne avec qui épancher mon cœur, personne, aucune épaule sur laquelle je pourrais m'appuyer pour faire part de mon désespoir.

Nous n'avions aucune nouvelle concernant notre père, nous avons su par la suite qu'il était sérieusement brûlé. Il endura d'atroces souffrances, subit de nombreuses opérations et ne sortit des hôpitaux qu'après de longs mois de soins.

Il était défiguré et notre première rencontre après accident fut terrible.

Il nous était impossible de reconnaître notre papa, il n'y pouvait rien, mais pour nous enfants, nous avions du mal à accepter cette réalité.

D'autre part, ce qui n'aidait pas, à une manifestation quelconque d'affection, c'était l'odeur que la chair brûlée dégageait. Bien sur, mon père n'y pouvait rien, il n'était pas responsable de ce qui était arrivé, et en plus, en supporterait des conséquences à vie ! Toutefois, nos cœurs d'enfants étaient traumatisés par ce qui arrivait :
Nous avions perdu notre maman, retrouvions un papa qui ne ressemblait plus du tout à celui que nous avions connu et par dessus tout cela, nous étions placés chez des tuteurs, qui ne pouvaient rien faire pour soulager notre souffrance.

Le monde entier était contre nous, nos cœurs explosaient de chagrin, de douleur !

Lorsque avec le recul, je repense à ces moments de désespérance, de souffrance, je bénis Dieu de m'avoir un jour interpellé pour me sortir de là.

Nous savons bien avec mon époux, par expérience, dans nos relations pastorales que les effets pervers de ces chagrins, de ces peines ne s'estompent jamais.

Il est impossible de se défaire par soi-même, de ces blessures intérieures.

Seul, l'amour incompréhensible de Dieu peut apporter la délivrance dans ces cœurs meurtris !

Je ne peux apporter qu'une réflexion rétrospective sur ces évènements, sans doute cela m'a conduite par la suite à une rencontre exceptionnelle avec mon sauveur.

Jamais personne pendant ces années de douleurs, ne pouvait imaginer qu'étaient emmagasinées, au dedans de moi ces peines, non soupçonnables de l'extérieur.

A partir de ce moment là, vinrent s'ajouter à ma tristesse permanente, la vie dissolue de notre père.

Nous venions de subir un choc effroyable, avec la perte de notre maman, nous attendions une compensation affective de notre papa.

Maintenant, je comprends qu'il ne lui était pas possible de nous apporter tout ce que nous attendions de lui.

Mais il me semblait que j'étais en droit d'attendre en contre partie un effort paternel de sa part.

Ce ne fut pas le cas, bien au contraire.

J'avais 10 ans, personne ne pouvait comprendre ma douleur. Personne dorénavant ne m'aiderait à extirper ces blessures profondes intérieures. Il me semblait que ma vie d'adolescente, ma vie de jeune fille et de femme étaient, à jamais soumises à cet événement. Je m'enfermais donc dans ma souffrance, et hypothéquait ainsi mon avenir.

Dorénavant, plus rien ne serait jamais plus pareil parce que j'avais décidé d'enfermer ma douleur au plus profond de mon être ! Et il n'y avait personne dans notre entourage qui prît en compte cet enfermement. Ce n'est pas comme de nos jours, ou des psychologues peuvent vous aider à surmonter ce genre de crise !

Bien plus tard, rendant témoignage de ce qui m'est arrivé, je raconte que j'étais en prison. Les évènements douloureux subis, la non prise en compte de mon immense peine, de mon affliction, m'ont rendue captive, prisonnière.

Oui, j'étais emprisonnée dans mon chagrin, je le gardais pour moi, puisque il me semblait que personne ne pouvait m'aider en partageant !

J'avais finalement décidé de refermer les portes de cette prison, de me cloîtrer dans ma souffrance.

J'expliquerai par la suite comment je pus sortir de ma « détention », de ma captivité, comment je fus libérée de cet enfermement..par la grâce de Dieu…

Les souvenirs de mon adolescence qui me restent ne sont que rébellion, révolte, insoumission.

D'abord pensionnaire, restant seule le dimanche parce que personne ne venait me chercher. Je voyais mes camarades partir en fin de semaine et cela ajouta à ma révolte, une profonde amertume.

De pensions en pensions, je ne réussissais pas à l'école et je suis sure que vous me trouverez des circonstances atténuantes !

Par la suite, notre père s'étant établi comme commerçant, je pus sortir de temps à autre pendant les weekends.

Mais, ce ne fut pas pour moi très enthousiasmant, parce que je dus subir alors des violences paternelles.

Décidément, ma souffrance ne s'estomperait jamais, je ne pouvais supporter, l'absence de notre maman, et il m'était impossible d'accepter cette nouvelle vie de notre père !

Il aurait souhaité que je consente, que j'approuve sa nouvelle vie, avec une femme qui n'était rien pour moi !

Au contraire, elle prenait la place réservée à ma chère maman !

Cette résistance le mettait hors de lui, à tel point que je fus bousculée, battue, à cause de mes refus d'obéir, de céder.

Il y eut un épisode plus marquant que les autres, dont le souvenir reste encore gravé en moi, malgré le pardon accordé.

Mon père me traîna dans les escaliers en me tirant par les cheveux, manifestant une sorte de fureur que je ne peux m'expliquer, si ce n'est que naturellement, je devais lui rappeler ma maman !

Ce fut à la suite de cet incident que mon désir de ne plus exister, pour ne pas connaître d'autres douleurs aussi intenses se manifesta dans mon for intérieur avec une réelle motivation !

Plus tard, je me dirigeais vers la fenêtre de la chambre et me penchais vers l'extérieur, pour en finir avec une vie qui ne pouvait plus m'apporter quelque consolation que ce soit, dans l'épreuve que je subissais.
Personne au monde n'avait le pouvoir de m'aider dans ma désespérance !

J'ai expérimenté par la suite combien notre Dieu tout puissant qui a tant aimé le monde au point de donner son fils Jésus, était capable de manifester un amour divin, surnaturel, capable de nous faire espérer contre toute espérance ! Mais à ce moment là, je ne voyais que le vide et la fin d'une vie d'affliction, de chagrins, de malheurs impitoyables.

C'est au moment de basculer dans le vide que mon jeune frère, présent, dans ces instants pathétiques, me retint par les jambes, me suppliant de ne pas mettre mon geste à exécution. Je me souviendrai toujours de ses paroles :
« Ne fais pas ça, ne m'abandonne pas ! »

Sans aucun doute, Dieu n'a pas permis que cette chose affreuse arrive, il a mis sur ma route du moment mon jeune frère pour que mes projets de malheur n'arrivent pas, et même si je pense que cela fut conduit par Dieu, je veux lui dire ici toute ma reconnaissance pour son intervention!

C'est assurément cela, Dieu avait pour moi d'autres projets, des projets de bonheur, des projets de pardon, de réconciliation, des projets de bénédiction, qu'il en soit loué !

Cet épisode, j'en reste persuadée, tissa des liens particuliers entre mon jeune frère et moi, même si cela resta longtemps un secret intime, personnel, confidentiel.

A l'âge de 16 ans, je commençais mon premier emploi, dans le secrétariat, mais c'était en pleine campagne, dans une région semi montagneuse, ou encore une fois, je me retrouvais seule, comme abandonnée par les miens, enfin, ceux qui auraient pu me donner un peu d'affection.
Par la suite, mon frère aîné qui lui aussi, avait enduré une situation particulièrement conflictuelle avec notre père, me proposa un emploi dans une grande ville.

Je lui sais gré de ne pas avoir oublié sa sœur, et lui manifeste ici ma gratitude. Me voilà donc dans cette nouvelle vie, dans une grande ville, en pensionnat de jeunes filles.

Dans, le fond, je me retrouvais encore enfermée, avec mes plaies, dans ma prison.

Toutefois, sans jamais oublier ce qui m'avait tant fait souffrir et me faisait encore souffrir, les distractions de cet âge là atténuaient un peu ma peine.

Je rends grâce à Dieu de n'avoir pas permis que je recherche dans les plaisirs de la vie la compensation à mon amertume !

Je me contentais de mon travail de secrétariat, de quelques sorties avec mes nouvelles amies, de lecture, donc, rien qui ne soit un étourdissement pour oublier !

Toutefois, cette plaie profonde était bien présente, il y eut bien des fois ou maman me manquait.

Je ne pouvais comme beaucoup, poser mon épaule sur la sienne, je ne pouvais me confier, je n'avais personne avec qui partager, et je sais que ceux qui sont dans ce cas sont en souffrance.

Je ne pouvais lui poser les questions essentielles de la vie d'une jeune fille...

Maintenant, avec le temps et la bénédiction de Dieu, je suis à même, à cause de ces épreuves, d'aider ceux, celles qui passent par des moments de grande affliction.
Ma vie de jeune fille restait imprégnée de ces manques, de ces déficits affectifs non compensés et non compensables dans ces instants... Je ne pouvais rien partager de ma vie antérieure, il y avait quelque chose, une douleur interne qui me paraissait comme définitive, irrémédiable.

Le regroupement de nos bureaux avec une société importante située dans une petite ville, donna un peu de piment à la routine du travail quotidien.

J'y rencontrai de nouvelles têtes, faisais connaissance avec des jeunes de mon âge et ainsi, je pouvais mieux exprimer mon tempérament de jeune fille.

Je dois également ajouter que plus tard, côtoyant dans ces bureaux de charmants jeunes hommes, je croisais celui qui devait devenir l'homme de ma vie !

Quelques regards échangés, puis les présentations constituèrent le début d'échanges, et je sentais bien que cette relation pourrait nous amener plus loin.

Ce garçon pourrait-il me faire oublier mon passé douloureux ? Pourrait-il m'aider à trouver une place de femme ?

Au départ de notre fréquentation, je ne cherchais pas à trouver dans cette relation une guérison quelconque. Toutefois, sans m'en rendre compte et inconsciemment, j'espérais et voyais là un apaisement, qui paraissait pouvoir me rétablir et m'apporter soulagement et réconfort.

Mais ce n'était pas ce qui me préoccupait le plus, car au fur et à mesure de nos échanges, je devins amoureuse de ce beau garçon qui est aujourd'hui mon époux !

Cependant, je ne peux occulter le fait que dans mes besoins profonds, j'aurais pu me jeter dans les bras du premier venu, dans les bras du premier qui me comprendrait.

Il ne connaissait pas mon passé, nous échangeâmes d'ailleurs très peu sur notre parcours d'adolescents.

Ce qui me fait dire que lorsque l'on est amoureux, bien des choses sont laissées de coté, et passent au second plan !

On dit que l'amour rend aveugle, mais non, l'amour est positif, il nous fait regarder vers l'avenir, il nous aide à projeter, et nous permet d'augurer d'un avenir plein de bonheur.

Mais la réalité est souvent tout autre, elle nous ramène dans son quotidien, à l'évidence. Ce fut une période de bonheur, notre union célébrée tout simplement, nous combla, mon époux et moi-même.

La bénédiction eut lieu dans une église ou des prêtres ouvriers exerçaient, et cela rappela certains souvenirs religieux à mon mari.

Je ne fus pas vraiment concernée par l'aspect spirituel de cet office ni d'ailleurs par ce qui gravitait autour.

Nos premières années de mariage me firent oublier en partie les souffrances de ma jeunesse.

Nous étions jeunes et ambitieux, ce qui nous amena par la suite à nous investir dans une affaire, un commerce important dans une ville de province. Notre association avec mon jeune frère qui vivait sous notre toit nous encourageait à entreprendre, à prendre des risques.

Je ne veux pas ici donner des détails qui paraîtraient romancer cette période, mais il est nécessaire que la réalité transparaisse, pour donner toute gloire à Dieu.

Bien sur, il n'est pas interdit d'avoir de l'ambition, de chercher à réussir, mais il arrive souvent que les moyens pour y parvenir, nous aliènent, nous asservissent.

Mon mari qui avait certaines valeurs spirituelles, refusa à l'époque, volontairement, tout rapport avec la religion, prétextant que cela pourrait être une gène dans notre ascension ambitieuse!

Dans Les affaires, les compromis et compromissions ne sont pas rares, il faut bien reconnaître que nous n'avons pas échappé à la règle du plus grand nombre.

Cette marche effrénée, cachait pour un temps mes blessures, souffrances d'enfance, et m'aidait à les faire taire, à les dissimuler.

Nous sacrifiâmes bien des choses sur l'hôtel des sacrifices, des choses qui nous apparaissent maintenant comme parfaitement futiles, superficielles, sans réelle importance.

Dans ce milieu, on ne peut pas s'encombrer de considérations philosophiques, sentimentales, ni se laisser dérouter par des faiblesses affectives. Cela incite évidemment, à endurcir son cœur, jour après jour, à perdre toute sensibilité humaine.

Après quelques années, il y eut cependant un incident qui déclencha un profond découragement, tout en provoquant une intense remise en question.
Mon frère qui était notre associé pour la moitié des parts, se fiança, puis décida de se marier et finalement quitta l'affaire.

Je passerai sur les diverses péripéties, car ce furent des moments particulièrement pénibles.

Paradoxalement, cette période qui aboutit à un grand découragement, fut aussi le temps de prendre conscience de la futilité de nos ambitions.

Mais, encore une fois, les blessures affectives, accumulées les unes après les autres ont le pouvoir de nous blesser sérieusement, et de laisser des séquelles souvent impossible à panser, sauf spirituellement.

Il faut bien comprendre que l'amertume créée par cette situation, si elle n'est pas jugulée, maîtrisée, va forcément conduire à la haine....

Je pense que mon époux n'en fut pas loin.

Pour ce qui me concerne, il s'agissait de mon frère et malgré ma déception, je voulais garder en moi, qu'il m'avait secouru dans un des moments le plus intense de ma détresse. Il m'avait aidée à rester en vie quand tout espoir de vivre m'avait abandonnée.

Il était parti dans des conditions difficiles, et j'étais dans la détresse, je me suis adressée alors à Dieu, ou plutôt j'ai crié, réclamé son aide.

Nous avons décidé avec mon mari d'arrêter une partie de ce commerce, ce qui impliquait de régulariser notre situation.
Pendant un an, nous nous efforçâmes, mon mari et moi à remettre de l'ordre dans les comptes…Ce ne fut pas une mince affaire, une année de labeur qui nous épuisa, moralement, mentalement, physiquement.

A la fin de cette année, nous devions procéder à la vente d'un pas de porte d'un entrepôt, sous peine de devoir payer un loyer conséquent, conformément à nos engagements.

Je ne voyais pas de solution, et dans ces cas désespérés, bien entendu, on recherche des solutions.

Si Dieu, dont je ne m'étais pas du tout préoccupée jusque là existe, il devrait pouvoir faire quelque chose pour une gentille personne qui n'a jamais fait de mal à une mouche.(C'était ma propre appréciation de moi-même).

En conséquence, j'ai commencé à chercher dans la religion, mais rien, ni personne ne répondait à mes questions, à mes angoisses, inquiétudes, à mon grand désarroi!

Je n'avais plus qu'une solution, crier à Dieu directement, m'entendrait-il, me répondrait-il? S'il existait, il devrait pouvoir répondre à une âme en plein abattement.
J'ai alors crié à Dieu:
" Dieu, si tu existes, aide-moi, aide nous, à liquider ce local et que je n'y remette plus

jamais les pieds"

Et bien, il a entendu ma prière. Le lendemain, une personne se présentait à ma porte pour demander des renseignements au sujet de cet entrepôt.

Par curiosité, et intriguée sur les intentions de cette personne, je lui demandais ce qu'il voulait en faire. Il me répondit:

-   Prêcher l'Evangile.......

Je ne comprenais pas ce qu'il voulait dire, aussi, je l'interrogeais:

-   Mais qu'est ce que ce truc là?

Pensez donc, j'ignorais même que la Bible est la parole de Dieu! Cet homme me parla essayant de me fournir en renseignements spirituels, mais je ne compris rien.

Toutefois, je le regardais avec insistance car un sentiment indéfinissable m'envahit alors.

Il prit rendez-vous pour le soir même, me signalant qu'il reviendrait avec le pasteur. Le soir, je racontais un peu de cette expérience à mon mari en lui précisant:

-   Regarde bien cette personne, je n'ai jamais vu quelqu'un comme lui.

Comme prévu, il est venu accompagné du pasteur et l'essentiel de nos conversations fut tourné vers des questions spirituelles.

Ce qui intéressait le plus mon mari c'était comment ils procédaient pour le culte, les cérémonies etc…La façon simple d'officier semblait captiver l'attention de mon époux.

Apres leur départ, toujours étonnée par ces conversations je posais la question:

- Jacques, qu'en penses-tu ?

Celui-ci me répondit aussitôt:

- S'ils mettent en pratique ce qu'ils disent, c'est là la vérité!

Ce à quoi je m'entendis répondre:

- Tu vois, Jacques si c'est là la vérité, je vais chercher et je vais trouver!

Par la suite, dans nos divers entretiens avec le pasteur, celui-ci nous confia qu'il avait pensé de prime abord que mon mari était tout disposé à cette rencontre intime avec Jésus, alors qu'il n'en fut rien.

Ma soif d'en connaître davantage, d'approfondir, de rechercher une relation spirituelle était bien présente et pressante en mon esprit.

L'affaire dont il était question pour ce local fut rapidement conclue et le pasteur nous invita à prendre un temps de repos dans une maison de campagne que la congrégation louait les étés pour des colonies de vacances.
Quelques temps plus tard, nous nous retrouvions, mon époux et moi dans cette ferme pour un temps de vacances bien venu.

Ce fut pour nous l'occasion de côtoyer des Evangéliques de près, en particulier le Pasteur et son épouse.

De temps en temps, je visitais la colonie de vacances, personne ne m'interdisait quoique ce soit, je ne me sentais pas mal à l'aise, malgré les cigarettes consumées, car à ce moment là, je fumais pas mal...

Toutefois, un mal sournois m'atteignit pendant cette période:
Une soudaine crise d'arthrose dans mon dos me fit douloureusement souffrir.

Comme il y avait un médecin prenant quelques jours de congés en ce lieu, je pus être soulagé par des piqûres, mais un jour ce docteur étant absent, le pasteur et son épouse m'invitèrent à m'adresser à leur médecin particulier:

-   Jésus-Christ

Je n'étais pas très favorable, mais comme cela est le cas pour beaucoup, je pensais que de toutes manières, une prière ne pouvait pas me faire du mal.

J'acquiesçais donc et si ma douleur ne fut qu'atténuée, malgré tout, quelque chose d'étrange se passa alors, je ne me sentais pas dans mon état habituel.

Retournant à notre lieu de vacances, je m'aperçus que je n'avais pas consommé de cigarettes, et le soir, essayant à nouveau d'en "griller" une, cela me donnait des nausées et il me fut impossible de fumer!

J'insistais le lendemain et là encore, je n'arrivais plus à apprécier, à tel point que réfléchissant sur ce qui s'était passé la veille, j'en conclus que la prière m'avait délivré de cette accoutumance, par conséquent, Dieu était intervenu miraculeusement, et il ne me restait plus qu'à en apprécier les merveilleuses conséquences...

Je précise que depuis ce jour, je n'ai jamais retouché de cigarettes.

Arrivé à ce point, je dois rappeler que j'avais fait une prière à Dieu pour qu'il nous aide à vendre le pas de porte de notre local pour lequel les loyers couraient et qui auraient pu nous mettre dans une mauvaise position d'endettement si cela avait continué. Cette prière:

- "Dieu, si tu existes, aide moi, aide nous à liquider ce local et que je n'y remette jamais plus les pieds!"

Et bien, la première partie de cette prière fut exaucée mais nous verrons par la suite que la deuxième partie ne le fut pas, bien heureusement!

Je décidais d'aller écouter cet Evangile dont on me parlait, et qui était prêché, dans une salle de notre ville. Je dois reconnaître, et c'est un sentiment assez bizarre, que je n'en parlais à personne, je me cachais derrière un pilier lors des prédications de cet Evangile qui sauve.

Quel orgueil, de vouloir cacher à ce point le besoin qui était le mien, quelle folie de vouloir paraître alors que notre besoin est si flagrant!

Néanmoins, je dois dire que mardis après mardis, l'Evangile prêché, pénétrait mon cœur, il faisait son action, rappelant que la parole de Dieu est vivante et efficace.

Je n'avais jamais entendu parler de la bible comme d'un livre d'actualité, des paroles en provenance du cœur de Dieu, qui encore aujourd'hui, s'adressaient à moi.

C'était un commencement de guérison d'une âme si blessée, dans le désarroi quant à son avenir, avec un besoin profond d'onction quant à son passé, un peu de douceur apportée aux traumatismes de l'enfance et adolescence.

Dieu était en train de transformer mon Esprit et mon âme, il était en train de me soigner, il était en train d'apporter un baume sur mes blessures.

Il pansait mes plaies par sa parole, il me rappelait que mes souffrances, mes rejets, il les avait vus, il venait m'apprendre que dans ses bras, j'étais une merveilleuse créature!

Il me parlait de l'amour qu'il avait pour moi, en ayant donné son Fils Jésus, en sacrifice pour mes péchés, il me promettait une guérison complète de mes douleurs, de mes peines, de mes chagrins!

Oui, j'acceptais cette bénédiction, oui, j'acceptais de rencontrer ce Jésus qui avait donné sa vie afin de me pardonner de me libérer.

Ce qui m'envahit à ce moment là fut si intense, profond et puissant que je savais à quel point ma vie en serait bouleversée!

Enfin, par son intervention dans ma vie, Jésus-Christ me promettait de soigner divinement mes blessures, de me restaurer, dans mon âme et dans mon esprit!

Cette espérance vivante surgit en moi, elle me remettait sur pied, elle me permettait d'espérer en des choses complètement nouvelles…
Ma vie en fut bouleversée, l'acceptation de cheminer dorénavant avec celui qui venait de me toucher, apporta un baume dans mon cœur…

A partir de ce moment, je sus que je ne serais jamais plus seule et que mon passé ne serait plus une douleur.

Néanmoins, ma plus grande expérience de communion avec le Seigneur Jésus-Christ, se produisit dans ma chambre, le jour ou je me tins à genou devant lui, poussée par le Saint-esprit!

Dans ce lieu secret, dans une communion intime, ma vie de péché défila devant moi. Convaincue que le sacrifice de Jésus-Christ sur la croix, que sa mort s'adressait à moi personnellement en ce moment précis, je pleurais...

J'avais besoin de recevoir ce pardon accordé par grâce au pécheur qui se repent, et là, je ressentais sa présence, ce sacrifice sur la croix était bien réel, il me lavait, me purifiait.

En même temps, je comprenais que cet amour "d'un autre monde", me guérissait des rejets, des humiliations, il pansait mes blessures.

L'amertume, les racines de tous sentiments d'abandon, de rejet, d'exclusion, étaient en train de me quitter pour une paix intérieure qui surpasse toute intelligence, tout entendement!

Vous pouvez vous adresser à ce grand Dieu que j'ai reconnu par son fils Jésus-Christ, j'avais tant besoin de soins, de pansements, de guérison intérieure!

Faites appel maintenant à ce Jésus de la bible, du nouveau testament qui déclare:
"Je suis le chemin, la vérité, la vie, nul ne vient au père que par moi" Evangile de Jean 14/6

Je ne vais pas vous inonder de versets bibliques, mais je vous invite à lire le nouveau testament de la bible qui vous parlera de ce Jésus que j'ai rencontré et qui a bouleversé ma vie, et qui soignera toutes vos blessures intérieures.

Vous pouvez prier avec moi:

Seigneur Jésus, j'ai besoin de toi, je suis un pécheur parce que ta parole dit que "Tous ont péché et sont privés de la gloire de Dieu" selon Romains 3/23, j'ai besoin de ton pardon, je crois à ton sacrifice sur la croix, pour moi, je veux accepter que tu viennes dans ma vie pour me guider, me conduire et la rendre plus belle.

Tu nous dit par ailleurs que "Celui qui avoue et délaisse ses transgressions obtient miséricorde", aussi, je veux devenir cette nouvelle créature dont tu parles:
"Si quelqu'un est en Christ, il est une nouvelle créature, les choses anciennes sont passées, voici, toutes choses sont devenues nouvelles" 2 Corinthiens 5/7

Je vous bénis dans le nom puissant de Jésus-Christ et je me réjouis avec vous de la nouvelle direction que vous allez prendre avec son concours.

Avec mes sentiments fraternels

PS: Je dois préciser que le pardon accordé par mon épouse à son papa, le comportement chrétien d'une partie de la famille, et l'ensemble des prières ont conduit celui-ci à rencontrer Jésus-Christ comme son sauveur personnel qui lui a donné accès à la vie éternelle.
En tant que pasteur j'ai d'ailleurs pu prêcher lors de ses obsèques et rendre ainsi témoignage de cette bénédiction.

** *Nous vous remercions pour l'accueil que vous avez bien voulu nous manifester en lisant ce livre.*

I want morebooks!

Buy your books fast and straightforward online - at one of the world's fastest growing online book stores! Environmentally sound due to Print-on-Demand technologies.

Buy your books online at
www.get-morebooks.com

Achetez vos livres en ligne, vite et bien, sur l'une des librairies en ligne les plus performantes au monde!
En protégeant nos ressources et notre environnement grâce à l'impression à la demande.

La librairie en ligne pour acheter plus vite
www.morebooks.fr

OmniScriptum Marketing DEU GmbH
Bahnhofstr. 28
D - 66111 Saarbrücken
Telefax: +49 681 93 81 567-9

info@omniscriptum.com
www.omniscriptum.com

www.ingramcontent.com/pod-product-compliance
Lightning Source LLC
Chambersburg PA
CBHW022018160426
43197CB00007B/474